AF289844

FSC
www.fsc.org
MIX
Papier aus ver-
antwortungsvollen
Quellen
Paper from
responsible sources
FSC® C105338

Kurkölnische Landesmütter

Die Frauen der Kölner Erzbischöfe

von Norbert Flörken

Titelbild: Agnes Truchsessin, geb. von Mansfeld-Eisleben (Wikipedia)

Bibliografische Information der Deutschen Nationalbibliothek:

Die Deutsche Nationalbibliothek verzeichnet diese Publikation in der Deutschen Nationalbibliografie; detaillierte bibliografische Daten sind im Internet über http://dnb.dnb.de abrufbar.

© 2017 Norbert Flörken
Herstellung und Verlag:
BoD – Books on Demand, Norderstedt
ISBN: 9783744881579

Inhalt

Vorwort

Dieses Buch handelt von Personen, die es eigentlich gar nicht geben durfte: Kurköln war bis 1794 ein geistliches Territorium mit einem Erzbischof an der Spitze, und der durfte nach Kirchenrecht nicht heiraten – also gab es auch keine ›First Lady‹. Sollte man meinen.

Aber die Wirklichkeit und das Bedürfnis nach Zweisamkeit waren mächtiger als der ›Codex Iuris Canonici‹[1], und so kommt Kurköln – wenn auch nicht auf dem Papier, so doch in der Realität – zu mehreren Landesmüttern.

Sie sollen hier vorgestellt werden mit dem wenigen, was an Informationen heute noch zu greifen ist – auch ein Beitrag zur Frauengeschichte in der frühen Neuzeit.

Abbildung 1: Louis XIV, Roi de France

Abbildung 2: Madame de Montespan

Mätressen – hier Madame de Montespan, eine Mätresse Ludwigs XIV. – waren im Zeitalter des Absolutismus durchaus erlaubte weibliche Günstlinge des Königs: seine Geliebte, seine Ratgeberin, seine Privatsekretärin, Mutter seiner natürlichen Kinder. Ihr Einfluss auf den Monarchen konnte gross sein - wie z.B. bei der Madame Pompadour – oder gering. Wie es Kindern und ihren Müttern aus dem einfachen Volke erging, die unehelich oder vorehelich geboren wurden, beschreibt Müller-Hengstenberg in seinem Aufsatz.

Einleitung

Seit nahezu 1000 Jahren sind die Priester der römisch-katholischen Kirche zu Ehelosigkeit und Enthaltsamkeit verpflichtet – und genauso lange wird dieses Gebot des Zölibats missachtet, von den einfachen Priestern bis zu den Päpsten. Dass Päpste, Bischöfe und Priester Kinder zeugten, war kein Skandal[2], sondern jahrhundertelang Alltag.

Unmöglich war allerdings ein regelrechtes Eheverlöbnis, und Erzbischof Gebhard von Truchsess und seine Ehefrau Agnes haben dies am Ende des 16. Jahrhunderts schmerzlich erfahren müssen. Agnes war – im eigentlichen Sinne – die einzige ›Landesmutter‹ von Kurköln, und Antonia Wilhelmina war die Ehefrau des resignierten Kurfürsten Salentin von Isenburg; ob alle anderen hier vorgestellten Frauen in jedem Falle als ›Mätressen‹ - auch als ›Konkubinen‹ beschimpft – einzuordnen sind, kann mit letzter Sicherheit nicht bewiesen werden – zu oft wurde ein Verhältnis mit dem jeweiligen Kurfürsten auch angedichtet[3]. Eindeutig ist die Situation, wenn der Kurfürst Vater wurde: Ernst und Gertrud, Joseph Clemens und Constance und Clemens August und Mechthild.

Im folgenden ist normalerweise die Rede von den Kölner Kurfürsten und weniger von den Erzbischöfen, weil der Einfluss der Frauen auf die kirchlichen Aufgaben ihres ›Mannes‹ sehr gering war, auf die politischen aber manchmal umso grösser. Bild- und Textmaterial zu dem Personenkreis sind spärlich, entsprechen aber dem allgemeinen Bild der Zeit.

Bonn, den 20.09.2017

Kurkölnische „First Ladies"

#	Name	geb.	im Amt	Name	Lebensdaten
1	Hermann IV. von Hessen	1450	1480-1508	??	??
2	Salentin von Isenburg	1532	1567-1577	Antonia Wilhelmina von Arenberg	1557-1626
3	Gebhard von Truchsess	1547	1577-1582	Agnes von Mansfeld-Eisleben	1551-1637
4	Ernst von Bayern	1554	1583-1612	Gertrud von Plettenberg	??-1608
5	Ferdinand von Bayern	1577	1612-1650	*	*
6	Maximilian Heinrich von Bayern	1621	1650-1688	*	*
7	Wilhelm Egon von Fürstenberg	1629	1688-1688	Maria Katharina Charlotte von der Marck	1648-1726
8	Joseph Clemens von Bayern	1671	1688-1723	Constance Desgroselliers / Madame de Ruysbeck	??-1724
9	Clemens August von Bayern	1700	1723-1761	Mechthild Brion	1710-1773
10				Gräfin Seinsheim	??-1767
11				Gräfin Starhemberg	1722-1773
12	Maximilian Friedrich von Königsegg-Rothenfels	1708	1761-1784	Isabella Barbieri	??
13	Maximilian Franz von Österreich	1756	1784-1801	*	*

NN um 1490

Über die erste „Landesmutter" ist nichts bekannt: kein Name, kein Stand, kein Datum – nur dass sie dem Erzbischof Hermann von Hessen[4] um 1490 einen Sohn geboren hat. Hermann, genannt „der Friedsame" („pacificus", * um 1450 † 19. Oktober 1508 in Poppelsdorf) war von 1480 bis 1508 als Hermann IV. Erzbischof von Köln. Vorher war er Dechant von St. Gereon und Domherr; er wird als frommer und ernsthafter Seelsorger bezeichnet und hielt sich gerne im (Vorgänger-) Schloss Poppelsdorf auf, dort starb er auch. Sein Sohn Hermann wurde später Stiftsherr von St. Maria ad Gradus und 1503 Probt von St. Aposteln.

Abbildung 3: Hermann von Hessen, ca. 1500

· *siehe 1499 Koelhoff'sche Chronik, Seite 44.*

Antonia Wilhelmina von Arenberg (1557 - 1626)

Antonia Wilhelmina von Arenberg war die Ehefrau von Salentin von Isenburg-Grenzau (1532-1610); sie wäre die erste bekannte Landesmutter von Kurköln, wenn Salentin nicht drei Monate vor der Hochzeit auf das Amt des Erzbischofs und Kurfürsten verzichtet hätte, um die 20jährige Antonia Wilhelmina zu heiraten.

Sie wurde am 1. März 1557 in Vollenhove (Overijssel, NL) geboren als Tochter von Jean de Ligne, Graf von Arenberg[5], und seiner Ehefrau Margaretha von der Marck, Fürstin von Arenberg. Am 10. Dezember 1577 fand die Heirat mit Salentin in Bonn statt. Der Ehe entstammten zwei Söhne: Salentin (? – 1619) und Ernst (1584-1664).

Antonia Wilhelmina starb am 26. Februar 1626.

Abbildung 4: Salentin von Isenburg 1570

Antonia Wilhelmina

Salentin war zwar schon Erzbischof, aber noch nicht zum Priester geweiht, deswegen erreichte er problemlos die päpstliche Dispens zur Resignation und Heirat. Am 13. September 1577 eröffente Salentin den verblüfften Landständen in Brühl[6], dass er das Amt des Erzbischofs niederlege, zugunsten der Familie Isenburg, die durch den Tod seines einzigen Bruders auszusterben drohte. Die Heirat fand dann drei Monate später statt.

Kalte Weltleute schüttelten den Kopf, und selbst der philosophisch-strenge August DE THOU wusste nichts zu antworten, als ihm in Baden[-Baden] sein literarischer Freund LANGUET eine schöne Dame, die ihrem Gasthofe gegenüber am Fenster stand, mit der Frage zeigte: ob er wol einer solchen Schönheit das Erzbisthum Köln vorziehe?[7]

· siehe 1568 Die Schlacht von Heiligerlee, Seite 46.

Agnes von Mansfeld-Eisleben (1551 - 1637)

Agnes ist die erste und einzige kurkölnische Landesmutter im strengen Sinne, denn sie war verheiratet mit dem Kurfürsten Gebhard Truchsess-Waldburg (1547-1601)[8]. Für die Tochter des Grafen Johann Georg I. von Mansfeld-Eisleben war der Lebensweg als Kanonissin im protestantischen Stift Gerresheim bei Düsseldorf vorgesehen.

Abbildung 5: Gebhard von Truchsess 1582

Abbildung 6: »vermeinte Churfürstin von Cölln Agnes Mansfeld Truches«, nach 1583

»Ego Dei gratia
Colonie episcopa«[9]

1578 besucht Agnes in Köln ihre Schwester Maria, die mit Graf Peter Ernst von Kriechingen verheiratet ist. Bei diesem Aufenthalt wird Gebhard[10] auf sie aufmerksam. Die beiden Verliebten verbringen daraufhin einige Zeit miteinander. Allmählich verbreiten sich die Informationen über diese Liaison, auch weil die Kammerzofe und der Kammerdiener beim morgendlichen Dienstbeginn im Schloss Brühl ihre Herrschaften nicht in den gewohnten Betten antreffen.

Nun treten Agnes' Brüder auf den Plan: angeblich drohen im April 1582 Graf Hoyer Christoph (1554-1587) und Graf Ernst (1554-1609) gegenüber Gebhard in Köln damit, ihre Schwester zu erdolchen, um ihre Ehre zu retten. Es wäre allerdings sehr verwunderlich, wenn einer der mächtigsten Männer des Heiligen Römischen Reiches - der Erzkanzler Italiens und einer der sieben Kurfürsten - sich von zwei Rabauken aus der Provinz beeindrucken liesse.

Abbildung 7: Schloss Mansfeld, by Francke 1723

So sahe Manßfeld sonst mit Wall und Mauren aus,

Der tapfern Grafen Sitz, das hochberühmte Haus,

von dessen Stamm wir dieses können lesen,

Daß Kayser, Könige mit ihm verwandt gewesen.

19

Aber Gebhard gelobt tatsächlich, seine Agnes zu ehelichen, was dann am 2. Februar 1583 in Bonn, im Haus seines Schwagers Kriechingen in der Acherstrasse, geschieht. Gefeiert wird anschliessend in der Gasthaus ›Zur Bloemen‹ am Markt.

Nach geltendem kirchlichen Recht war die Heirat ungesetzlich, als Ausweg erschien der Konfessionswechsel Gebhards zu den Protestanten. Damit verlor er aber automatisch die Würde des Erzbischofs und das Territorium Kurköln, denn nach dem ›reservatum ecclesiasticum‹ von 1555 musste ein geistlicher Landesherr, wenn er die Konfession wechselte, seine weltliche Herrschaft aufgeben, und das war ein Reichsgesetz – wenn auch von den Protestanten nie akzeptiert. Nachdem es bereits in den Erzbistümern Brandenburg und Bremen gebrochen worden war, glaubten Gebhard und seine wenigen protestantischen Mitstreiter, ein weiteres Mal das ›reservatum ecclesiasticum‹ aushebeln zu können.

Weil das Streitobjekt aber Kurköln war, und damit eines sieben Kurfürstentümer, das für die Königswahl ausschlaggebend war, nahm die katholische Seite den Bruch nicht hin; es kam zum kurkölnischen Krieg, in dessen Verlauf Gebhard und Agnes bald in die Niederlande flohen. Mit Ernst von Bayern wurde bereits am 22. Mai 1583 ein neuer Erzbischof gewählt.

Ob Gebhard tatsächlich aus Gewissensgründen protestantisch wurde, lässt sich heute nicht mehr eindeutig feststellen; manches spricht dafür[11]. Er hat tatsächlich geglaubt, mit einem Vertrag mit dem Kölner Domkapitel seine Position halten zu können; darin hat er für zu erwartende Erben auf die Kurwürde und den Bischofsstuhl verzichtet.

Angeblich[12] war er sogar bereit, selber auf das Amt des Erzbischofs zu verzichten; da sollen aber Agnes und mehrere calvinisch gesinnte Berater eingegriffen und ihm eingeredet haben, gute Chancen bei einem Konfessionswechsel zu haben.

Das frisch vermählte Paar muß aber gleich nach der Hochzeit vor den Katholischen aus Bonn fliehen; es findet vorübergehend Zuflucht in dem westfälischen Teil des Erzstifts. Aber auch dort spricht sich bald herum, „das es mit truxes gans verloren, [er] wiße keinen rat mehr, schlage frei uf seine madammen."[13]

Die Ehe, deren jahrelange Wanderschaft schliesslich in Straßburg endete, blieb kinderlos – eigentlich überraschend, muss man doch von einer Liebesheirat[14] ausgehen. Gebhard hat allerdings – wenn man vereinzelten Hinweisen und seiner Grabinschrift trauen darf – nicht besonders gesund gelebt: er starb als Domdechant mit 54 Jahren an „Gicht, den Nierensteinen und Koliken" [*podagrae, calculi, colicae doloribus*].

Die Versorgung der Agnes hat Gebhard am 15. April 1601, schon „mit besorglicher leibesschwachheit behaftet"[15], dem württembergischen Herzog Friedrich I. testamentarisch anvertraut, bevor er am 31.

Mai des Jahres verstarb. Agnes hat ihren Gebhard 34 Jahre überlebt. Begraben wurde sie 1635 in Herren-Sulzbach im Landkreis Kusel.

1723 gab ihr Francke den Beinamen „die schöne Mansfelderin", es folgten bis ins 19. Jahrhundert teilweise kitschige, unhistorische Romane und Schnulzen.

- *siehe [1577] de Thou « Histoire universelle » zum Jahr 1577, Seite 47.*

- *1584 (nach Ende Januar) Agnes Truchsessin, aus Berleburg: Zwei Briefe, Seite 49.*

- *1599 Chytraeus über Gebhard und Agnes, Seite 51.*

- *1635 Aug 13 Juliane von Krumbach an Peter Ernst von Kriechingen zum Tod von Agnes, Seite 52.*

Gertrud von Plettenberg (? – 1608)

Von Gertruds von Plettenberg Lebensdaten ist bekannt nur der Todestag: 26.10.1608. Sie stammt aus einer nicht besonders begüterten Familie des Sauerlandes. Um 1595 war Gertrud Verwalterin („Beschliesserin") der kurfürstlichen Schlösser in Arnsberg, Hirschberg und Höllinghofen. In dieser Zeit wurde sie auch die Geliebte des Kurfürsten Ernst von Bayern und 1605 seine heimliche Ehefrau. Sie gebar ihm zwei Kinder: Wilhelm (* 1587 † 1657) und Katharina. „Zeitung kumbt an, jungfrauw von Plettenbergh sei mit todt zu Arnßpergh abgangen", verzeichnet am 26. Oktober 1608 der Arnsberger Landdrost Kaspar von Fürstenberg in seinem Tagebuch[16].

Ernst starb 1612 in Arnsberg, dorthin hatte sich das Paar in den letzten Jahren zurückgezogen. Ernst hatte bereits 1595 seinem Neffen Ferdinand als Koadjutor die Amtsgeschäfte überlassen. Gertrud – so geht die Sage – soll ermordet worden sein.

Abbildung 8: Ernst von Bayern

Abbildung 9: Gertrud von Plettenberg

Maria Katharina Charlotte von der Marck (1648 - 1721)

Katharina Charlotte von der Marck wurde 1648 geboren als Tochter von Johann Ernst von Wallenrodt[17] und Katharina Charlotte Margaretha von Wonsheim. Sie heiratete 1674 Franz Anton von der Marck[18] in Schleiden, Baron von Lumain und Seraing (1640-1680). Die beiden hatten drei Kinder:

1. Johann Berthold Franz (1672-1697),
2. Ludwig Peter Engelbert (1674-1750),
3. Julius August (1680-1753).

Abbildung 10: Wilhelm Egon von Fürstenberg, ca. 1690

Abbildung 11: Wappen der von Wallenrodt

«Guilleaume Egon Cardinal Landgrave de Furstemberg, Evêque et Prince de Strasbourg, Postulé Archevesque et Electeur de Cologne Administrateur et Prince de Stavelot, Abbé de St. Germain des Prez fait cardinal, par le pape Innocent XIe, le 2e de Sep[tem]bre 1686» [19]

In einer zweiten Ehe heiratete sie 1685 oder 1686 Franz Egon zu Fürstenberg-Heiligenberg (*1625), der bereits 1688 verstarb. Daraufhin

26

lebte sie mit seinem jüngeren Bruder Wilhelm Egon (*1629) zusammen, der auch Vormund ihrer drei Söhne wurde.

In einer dritten Ehe heiratete sie zu einem unbekannten Zeitpunkt Carl Franz Ludwig Graf von Manderscheid-Kayl (1665-1721). Sie starb am 4. April 1726 in Château de la Bourdaisière (Frankreich).

Die beiden Brüder Fürstenberg waren unbedingte Gefolgsleute des französischen Königs Ludwigs XIV. An den deutschen Fürstenhöfen betrieben sie erfolgreiche Lobbyarbeit für den französischen Monarchen (Ennen, 1878). Die Gefahr für Kaiser und Reich wurde von dem Kaiser so hoch eingeschätzt, dass er Wilhelm an den Karnevalstagen 1674 in den Mauern der Freien Reichsstadt Köln festnehmen und zunächst nach Bonn und dann nach Wien bringen liess. Wilhelm lebte damals praktisch mit Katharina Charlotte zusammen[20] - sie hatte ein Haus am Neumarkt in Köln. Honoré Courtin, der französische Gesandte am kurfürstlichen Hof, nennt sie schlankweg seine „Maitresse"[21].

Als Wilhelm Egon nach fünfjähriger Haft ins Rheinland zurückkehrt, setzt er seinen Beziehung zu Katharina Charlotte fort – betont aber in einem Gespräch mit dem französischen Kommandanten Asfeld am 2. Juli 1788 in Brühl, „was die politischen Geschäfte betreffe, so habe nur er allein davon Kenntnis."[22]

Die Wahl zum Erzbischof am 19. Juli 1688 brachte nicht das von Wilhelm erhoffte Ergebnis zustande – er erhielt vom Domkapitel nicht die nötige Zahl an Stimmen. Nichtsdestotrotz beanspruchte er Amt, Würden, Geld und Archive und führte sich in Bonn de facto als Kurfürst auf. Überliefert sind z.B. für den 28. Februar 1689 Kartenspiele („Bassette") im Haus des Kardinals, bei dem französische Offiziere viel Geld verloren. Zu der Zeit machten sich die alliierten Truppen bereits daran, das französisch besetzte Bonn zurückzuerobern.[23]

Am 21. März 1689 floh Katharina Charlotte aus dem belagerten Bonn, mitsamt ihrer Habe, Wilhelm Egon folgte ihr bald, am 14. April 1689 trafen sich beide in Metz. Wilhelm Egon erhielt von Ludwig XIV. die Abtei St. Germain-des-Prés in Paris und starb 1704; Katharina Charlotte erhielt 12.000 Livres. Sie zog sich in ihr Schloss La Bourdaisière bei Tours zurück, wo sie sich bis zu ihrem Tod 1726 um die Armen und Kranken der Umgebung kümmerte.

· *siehe 1674 Feb 14 Die Verhaftung des Wilhelm Egon von Fürstenberg, Seite 54.*

· *1688 „Das verwirrte Coelln Oder die geschwaechte Coellnische Chur-Wuerde", Seite 56.*

· *[1689] „Außfuehrliche Erzehlung Was in waehrender Belaegerung Der Churfuerstl[ichen] Residentz-Stadt und Vestung Bonn", Seite 61.*

· *[1689] Saint-Simon über Wilhelm Egon von Fürstenberg und die Gräfin von der Marck, Seite 63.*

Constance Desgroseilliers (ca. 1680 – ca. 1723)

Joseph Clemens von Bayern (*1671) hat sich nur mit Mühe und unter für die Bevölkerung erheblichen Verlusten und gegen Frankreich als Erzbischof und Kurfürst 1689 durchsetzen können (Flörken, Die Belagerung und Zerstörung Bonns 1689. Ein Lesebuch, 2015). Das hindert ihn 1701 aber nicht, sich im spanischen Erbfolgekrieg auf die Seite Ludwigs XIV. zu schlagen. Im Jahr darauf muss er vor den kaiserlichen Truppen fliehen – ins Exil nach Frankreich.

„Mehr als sich geziemte, fesselten ihn weiblicher Geist und weibliche Geselligkeit." Noch vor seinem Exil war es die Gräfin Fugger, „deren vertrauten Umgang er liebte, und die den grössten Einfluss, auch in politischen Dingen, auf ihn besass."[24]

In Lille lernt er 1704 die bürgerliche Constance Desgroselliers kennen und lieben. Aus dieser Liaison gehen zwei Söhne (Chenaye-Desbois, 1774) hervor:

Jean-Baptiste-Victor-Francois-Marie-Joseph-Antoine-Cajetan-Laudelin-Paul-Michel, geboren 1706 in Lille, später Graf von Grosberg-Bayern;

Antoine-Livin-Joseph-Francois-Cajetan-Marie-Michel-Jean-Baptiste-Ignace-Isaac-Emanuel, geboren 1710 [?] in Lille, später Graf von Grosberg-Bayern.

Abbildung 12: Joseph Clemens   Constance

Allerdings empfängt Joseph Clemens – noch in Frankreich – 1706 die Priesterweihe und wandelt – angeblich - die Liaison in ein freundschaftliches Verhältnis um. Constance nennt sich bald darauf Madame „de Ruysbeck", nach einem Ort in Brabant.

1715 kehrt Joseph Clemens nach Kurköln zurück – zusammen mit seiner Frau und vermutlich auch mit den Kindern; er hat ihr in Bonn ein Haus gekauft[25]. Als 1715 der päpstliche Nuntius Archinto dem Kurfürsten droht, nicht länger sein Beichtvater zu sein, beteuert

Joseph Clemens, er habe ein reines Gewissen in Sachen Madame de Ruysbeck[26]; in einem Brief an seinen Obristkanzler Karg von Bebenburg vom 29. Juli 1716 spricht der Kurfürst von „unverdienten verläumbdungen"; er werde nunmehr „nicht gestatten [...], daß man dieser seiten immer mehr rühre."[27]

Dabei bleibt er bis 1721 - auch als 1717 der Papst ihn auffordert, die Dame zu entlassen. Constance wohnte zwar nicht im Schloss, kam aber täglich dorthin und hatte freien Zutritt zu den Privatgemächern des Kurfürsten. Die mehrmalige päpstliche Intervention, die Joseph Clemens in einer Mischung aus Wut und Verbitterung hartnäckig zurückwies, setzte Constance doch zu: „Die arme Madame Ruysbeck [ist] darüber also alterirt [...], das selbe in gefahr ist, eine herzwassersucht zu bekommen."[28]

Abbildung 13: "Josef Clemens Episcopus"

Braubach vermutet, dass Constance „kaum höhere Ziele erstrebte oder in der großen Politik eine Rolle spielen wollte."[29] Ihre Spur

verliert sich nach 1723; ihre Söhne erscheinen von 1741 bis 1757 mehr-
fach als „Grafen von Grosberg" in den kurkölnischen Hofkalendern.

Mechthild Brion (ca. 1710 - ca. 1776)

Mechthild Brion war Harfenistin oder Cellistin im Bonner Hoforchester, Geliebte des Kurfürsten Clemens August, Mutter seiner unehelichen Tochter Anna Maria. Der Franzose Abbé Pierre Aunillon, seinerzeit Botschafter Frankreichs am Hofe des Kurfürsten, beschreibt sie sachlich: „bien faite de taille"[30]. Clemens August liess sich von seiner Umgebung gerne eine Ähnlichkeit mit dem schmucken französischen König Ludwig XV. („Louis-le-Bien-Aimé") bescheinigen, den er sehr bewunderte.

Abbildung 14: Clemens August in der Uniform des Deutschen Ordens

Mechthild Brion

Die Brions wohnen in der Maargasse; ihr Vater ist Johann Georg Brion, ein Joseph Maria Brion (getauft 16.10.1731 in St. Remigius) ist möglicherweise ihr Bruder oder Vetter. „Politisch [hat sie] wohl nicht den geringsten Einfluss" auf den Kurfürsten gehabt[31].

Mechthild wird später mit einem Bernhard Anton Troggeler, kurfürstlicher Truchsess und Fudermeister, verheiratet. 1743 kauft er für das Kind Anna Maria (* ca. 1735, nicht in Bonn) in der Rathausgasse das Haus ›Zum grünen Wald‹ für 10.000 Reichsthaler (Dietz, 1962, S. 516). 1773 wohnt dort eine „Madame Trogglers". Gestorben ist sie vermutlich um 1776 ausserhalb Bonns.

Anna Maria wird in der Klosterschule von Metz erzogen. 1755 wird das Kind von Clemens August legitimiert als Comtesse Maria Anna von Löwenfeld; am 04.10.1756 heiratet sie ihren Vetter Franz Ludwig, Grafen von Holnstein (1723-1780), unehelichen Sohn des Kurfürsten Karl Albrecht von Bayern. Sie bringt zwölf Kinder zur Welt; ein Sohn wird auf den Namen „Clemens August" getauft. Sie stirbt am 26. November 1783.

·   *siehe [1735] Aunillon über Mechtild Brion, Seite 68.*

Maria Eva Sophia von Starhemberg (1722 - 1773)

Sophie von Starhemberg war aus altem österreichischem Adel: ihr Grossvater Ernst Rüdiger von Starhemberg hat 1683 Wien gegen die Türken verteidigt. Sie war verheiratet mit dem ältlichen Wilhelm Hyazinth von Nassau-Siegen (1666-1743), wohnte ab 1741 zunächst in Köln, dann in Bonn. Sophie wurde zwar oft bei Hofe gesehen, hatte aber wenig Einfluss[32]. Berühmt-berüchtigt wurde sie wegen ihres Ausspruchs über die Attraktivität Clemens Augusts: „Ich glaube, dass ich zwischen zwei Decken mit ihm liegen könnte, ohne das Geringste befürchten zu müssen."[33] 1745 heiratet die Witwe Sophie den Landgrafen Constantin von Hessen-Rothenburg; bis 1760 hat sie elf Kinder geboren.

Abbildung 15: Clemens August, by Desmarees

Abbildung 16: Wappen Starhemberg

Ins Gerede kamen auch noch weitere Damen, deren Rolle im Leben des Clemens August aber unklar bleibt:

- Frau von Brandt und
- Gräfin Maria Anna von Seinsheim, geborene von Preysing. Ihr Mann war 1738 gestorben; sie hielt sich von 1743 bis 1746 und wieder ab 1760 in Bonn auf. 1767 ist sie in Grünbach gestorben. Der kaiserliche Gesandte Johann Karl

Philipp Graf Cobenzl nennt sie rundheraus Clemens Augusts Mätresse[34]. Der Abbe Aunillon spricht von ihr sehr ungalant als « une belle femme, mais sans aucune sorte d'esprit ni de talent »[35].

· *siehe [1743] Aunillon über Gräfin Seinsheim, Seite 69.*

Maria Caterina Isabella Barbieri (? -1817)

Isabella Barbieri, eine Ballerina, war verheiratet mit dem Geiger Gaetano Mattioli aus Venedig. Dieser wurde 1776 in Bonn Konzertmeister, 1777 Direktor der Hofmusik und 1781 Hofkammerrat. Sie traf sich jeden Morgen mit Kurfürst Max Friedrich auf eine Tasse Schokolade im Schloss – eine „im Grunde wohl harmlose Verbindung"[36], die dem Kurfürsten allerdings viel Spott einbrachte und zum Ende seines Lebens für einiges Aufsehen sorgte. 1780 reiste das Ehepaar Mattioli nach Italien ab.

In Bologna steht heute das u. a. Denkmal aus dem Jahre 1818, ein Jahr nach ihrem Tod errichtet. Auf der diesbezüglichen Website wird sie unverblümt „maîtresse dell'arcivescovo di Colonia"[37] genannt.

Abbildung 17: Max Friedrich von
Königsegg-Rothenfels 1768

Abbildung 18: Grabmal der Isabella Mattioli,
geb. Barbieri, in Bologna

Allzu beliebt war Max Friedrich – im Gegensatz zu Clemens August – nicht, wie ein Spottvers sagt:

Bei Clemens August trug man blau und weiss,

da lebte man wie im Paradeis.

Bei Max Friedrich trug man sich schwarz und rot.

Da litt man Hunger, wie die schwere Not.

Antoinette de Heathcote

Antoinette oder Antonetta de Wolter ist im Elsass geboren und hat 1776 in München den Engländer Ralph Heathcote († 1801) von der britischen Gesandtschaft am bayerischen Hof geheiratet. Sie gebar 1782 einen Sohn: Ralph. Sie soll „gewandt, schlagfertig, auch etwas boshaft" gewesen sein[38]. Welche Rolle sie nun genau gespielt hat, ist wohl nicht mehr nachweisbar. Kurfürst Max Franz[39] beteuert 1793, er habe „keine Maitresse oder Bastarde"[40]. In einem Brief an ihren 12jährigen Sohn Ralph macht Antoinette 1794 geheimnisvolle Andeutungen über ihre Situation und die des Kurfürsten, die alles und nichts aussagen.

Abbildung 19: Max Franz von Bayern

MRS. HEATHCOTE, NÉE ANTOINETTE
DE WOLTER
(Mother of Ralph Heathcote)

Abbildung 20: Antoinette Heathcote

·   *siehe 1794 April 21 Mrs. Heathcote an ihren Sohn Ralph, Seite 71.*

Caroline von Satzenhoven

Eine Etage tiefer, aber mit ähnlichen Vorzeichen: Die Liaison der Caroline von Satzenhoven[41] (1728-1785) mit dem kurkölnischen Ersten Minister Caspar Anton von Belderbusch dauerte über 20 Jahre: von 1748 bis zum Tod Belderbuschs 1784. Beiden war eine Ehe verwehrt: ihr als Äbtissin (seit 1762) des Damenstifts Vilich, ihm als Ritter des Deutschen Ordens. Die Liaison war allgemein bekannt, Caroline hatte auch in dem von Belderbusch erbauten Schloss Miel („casa di delizie") ein eigenes Schlafzimmer. Sie hinterliess ihrem Universalerben Anton von Belderbusch u.a ein Kapitalvermögen von 80.000 rheinischen Gulden, dazu zwei Häuser in Bonn (Am Hof und Vierecksplatz). Caroline und Caspar Anton wurden in der 1812 niedergelegten Kirche St. Martin beigesetzt. Die nach ihrem Tod veröffentlichten Schmäh- und Hassschriften zeichnen ein verzerrtes Bild der omnipräsenten Frau.

Anhang

1499 Koelhoff'sche Chronik[42]

Hermannus der vierde van dem namen ind tzo genoempt pacificus. lxj. buschoff tzo Coellen Eyn landgreve van hessen wart des anderen tages Nae sent Laurentius dach [= 10. August] In dem vurß jaere[?] Eyndrechtlichen van den doymherren gekoren tzo eynen Ertzbuschoff tzo Coellen dair dye Ritterschafft ind stede desselnen Stifftz beschreven waren Ind der vurß nue gekoren buschoff dede sij alle samen in syn hoff komen Ind dede yn guetlichen.

Disse Buschoff hermannus iiij. is billich tzo noemen mit eyme eirlichen tzonamen as die anderen drij van dem namen syn vurfaren genoempt gewest syn. […] Ind dese veirde Hermannus heyscht mit syme tzonamen pacificus dat ist vredesam off vrede mecher. Want van CClv [=255] jairen her ind noch vorder is gheynen van synen vurfaren, die sich so vredelich mit der Stat van Coellen und lantschaff gehalden haven as disse durchluchtige furst bis noch her Anno Mccccxciv [=1494] ind mit der genaden gotz bis in dat ende syns cirlichen regiments halten sall ind gheynen vlecken off unere in synen namen setzen. Item niet alleyn is he vredesam mit den synen, mer he macht ouch vreden under anderen die unvredesam syn ind in uneynicheit stain und hylfft die versoynen. Wat vreden ind vrijheit he desen landen ind den gantzen Rijnstroum gemacht have dat iis lantkundich. Ind die kynder up der straissen wissen dae van tzo sagen etc. Beati pacifici quum filij die vocabuntur[43]. Dat buschdom van Coellen dat sere versetzt und hoichlich mit schulden durch syn vurfaren beschweirt was, hat hey getruwelich widderum upgeruckt und geloist. Dar van ind van anderen dyngen, dye he bedreven hait is redelicher mayss vurgeroirt ind wirt ouch hiernae do van geroirt.

1568 Die Schlacht von Heiligerlee

Abbildung 21: Die Schlacht von Heiligerlee 1568

Graff Ludwich [von Nassau] wie ein Khuener heldt

Zu Groningen sich gab ins feldt.

Da der von Arnbergh[44] und seine bendt

Von ihm erschlagen, und zertrent.

Sex stuck geschutz sampt allerhandt

Gelt, pferdt, wagen und Proviandt

Erobert hat, zur selber frist

Graff Adolff [von Nassau] auch erschlage ist.

[1577] de Thou « Histoire universelle » zum Jahr 1577[45]

Tandis que toute la Flandre étoit sous les armes, l'Allemagne ne se ressentoit point de ces mouvemens. Salentin Comte d'Isenburg, Evêque de Paderborn, & depuis élû Archevêque de Cologne, avoit rendu dé grands services au chapitre de cette ville, en retirant de ses deniers des domaines considérables, plusieurs places & plusieurs châteaux qui lui appartenoient, & qui avoient été, ou engagés, ou absolument aliénés par ses prédécesseurs. Il étoit le dernier qui reliât de cette illustre maison, lorsqu'épris des charmes de Guillelmine-Antoinette, fille de Jean Prince de Ligne & Comte d'Aremberg, tué

|431

en Frise neuf ans auparavant, il se démit de lès bénéfices, & renonça à l'état Ecclésiastique pour l'épouser. Il eut pour successeur à l'evêché de Paderborn Henri de Saxe Archevêque de Breme, & Evêque d'Osnabrug, qui fut élû à condition que tous les ans il passeroit trois mois à Paderborn, trois mois à Osnabrug, & le relie de l'année dans son diocése de Breme. Pour l'archevêché de Cologne, il fut donné à Gebhard Truchses Baron de Walburg, fils de Guillaume, & neveu d'Othon Cardinal d'Augsburg, qui étoit mort à Rome quatre ans auparavant. Dans la suite il se maria, & voulut malgré cela rester en possession de son Electorat, ce qui causa de grands troubles dans l'Empire.

1584 (nach Ende Januar) Agnes Truchsessin, aus Berleburg: Zwei Briefe[46]

[1.] An Carllewitz auff dem haus Bylstein.

Liber Carllewitz, es hatt die gerihtshreyberin auff dem haus Bylsteyn ein gutt deyll flachs, der mir zugehorett. Des bitt ich, wold ir sagen, das sy in woll reyn holden undt euch lyffern. Ich wil in ein, drey oder 4 dagen denselben lassen hohen, darmitt er niht möht in andere hende komen.

Hirmitt Gott befoln.

Agnes erbtruchsesin geborne greffin zu Mansfeldt.

[2.] Dem edlen ehrnvesten Asmus Carllewiz zu handen auff des haus Bylstein zu liffern.

An Carlewitz [truchsessischer Befehlshaber] auf Burg Bilstein.

Lieber Carlewitz, die Gerichtsschreiberin auf Burg Bilstein hat ein gut Teil Flachs, der mir gehört. Deswegen bitte ich [Euch], ihr zu sagen, dass sie ihn wolle rein halten und euch ausliefern. Ich will in ein, drei oder vier Tagen denselben abholen lassen, damit er nicht in andere Hände gelangt.

Hiermit Gott befohlen!
Agnes, Erbtruchsessin, Gräfin von Mansfeld.

Dem ehrenwertesten Asmus Carlewitz zu Händen, auf Burg Bilstein, auszuhändigen.

Liber Carlewiz, nachdem ich euch am nehsten geshryben habe umb meinen flachs, den ich zu Bylsteyn der gerichtshreyberin gelassen habe in Vorwarnung, so bitt ich euch, ir wold mir den gefallen dhun unndt mir in hieher zur Berlleberg shiken alsbald, er sy reyn oder unreyn, mitt eygener fuir. Kondt man sy niht gebottsweys hoben, so wil ich der fuhr lonnen unnd ich bitt euch, das es gleych mah geschehen sonder seymnus. Daran dutt ir mir ein sonders gefallen unnd bin solhes yder zeytt gegen euch zu erkennen geneygt.

Datum Berleburg in eyl. Ich bitt euch auch, wofern ir ney zeyttung van Arnsburg oder vom Reyn habt, ir wold mihs lassen wissen mitt disen botten.

Agnes erbtruhsesin

Lieber Carlewitz, nachdem ich euch jüngst geschrieben habe wegen des Flachses, den ich in Bilstein der Gerichtsschreiberin überlassen habe in Vorwarnung [?], bitte ich euch, ihr wollt mir den Gefallen tun und ihn mir alsbald hierher nach Berleburg schicken – er sei rein oder unrein – mit eigener Fuhre. Kann man sie nicht gebotsweise [?] haben, so will ich die Fuhre bezahlen; und ich bitte euch, dass es gleich geschehe ohne Verzug. Damit tut ihr mir einen besonderen Gefallen, ich bin jederzeit geneigt, mich euch erkenntlich zu zeigen.

Gegeben zu Berleburg in Eile. Ich bitte euch auch, falls ihr neue Nachricht von Arnsberg oder vom Rhein habt, es mich wissen zu lassen durch diesen Boten.

Agnes Erbtruchsessin,

geborne greffin zu Mans-
feldt.

Geborene Gräfin zu Mans-
feld

1599 Chytraeus über Gebhard und Agnes[47]

| 725

Quare consultius legatis visum [est], Electorem Coloniensem ex illis locis ad tutiora se conferre, donex iustus exercitus conscribi possit, relicto Bonnae Carolo fratre & comite Friderico Zollerensi cum praesidio 500 militum.

Elector Colon[iensis], priusquam abiret, nuptias com AGNETA Mansfeldica Bonnae, publicis ritibus celebrat. Erat haec Ioannis Georgij comitis Mansfeldiae filia, qui ex Catharina, Alberti comitis M[ansfeldiae] nata, tredecim liberos, ac in his

Deshalb erschien es den Gesandten klüger, wenn der kölnische Kurfürst sich von dort zu sichereren Orten begebe, damit unterdessen ein starkes Heer ausgehoben werden könnte. In Bonn ließ er seinen Bruder Carl und Graf Friedrich von Zollern mit einer Schutztruppe von 500 Mann zurück.

Bevor der Kurfürst abreiste, heiratete er in Bonn in einer öffentlichen Handlung Agnes von Mansfeld. Sie war eine Tochter des Grafen Johann Georg von Mansfeld und seiner Frau Katharina, der

Agnetem istam ingenio & forma praestantem reliquit.

Tochter des Grafen Albert, die ihm 13 Kinder geboren hatte, darunter jene Agnes: Sie war überaus intelligent und wunderschön.

1635 Aug 13 Juliane von Krumbach an Peter Ernst von Kriechingen[48] zum Tod von Agnes[49]

[...] Aus bekümmertem Gemüt kann ich nicht verbergen, daß der allmächtige Gott nach seinem unerforschlichen Rat und Willen, weiland die auch wohlgeborene Agnes geborene Gräfin zu Mansfeld, Erbtruchsessin und Freifrau zu Waldburg, Wittiben, meine vielgeliebte Mutter[50] und Base auf Montag Margarethen 13. Juli mit dieser Zeit grassierender hitziger Schwachheit angegriffen, welche sie etliche Tage nicht ohne Verpflegung mit Medikamenten und anderer Geduld ausgestanden, bis sie Donnerstag 16. Juli vermerkt, ihre Krankheit je mehr und mehr zunehme, derohalben nach einem Pfarrherrn geschickt und sich mit dem Heiligen Abendmahl versehen, auch in desselbigen Beiwesen ihren letzten Willen begreifen und zu Papier bringen lassen; darauf mit gemeldtem Pfarrherrn bis fast zu ihres Atems Ausgang gebetet und endlich obgedachten Donnerstag gegen 5 Uhr nachmittags aus diesem zeitlichen Leben in die ewige Freude versetzt worden [...] Deren Leichnam dann Gott am Jüngsten Tage eine fröhliche Auferstehung und uns einst einem jeden zu seiner Zeit einen seligen Hintritt aus diesem vergänglichen in das selige Leben gnädiglich verleihen wolle.

Wie schwer nun dieser unversehene und zu jetziger ohnedies betrübter Zeit plötzlich geschehene Fall mir zu Herzen gegangen, haben Euer Liebden reiflich zu erwägen, und weil zu derselben wegen der nahen Verwandtschaft eines freundlichen Mitleidens ich mich getröste, so habe ich nicht unterlassen können, ihr solches hiermit freundlich wissen zu machen [...] derselben von Herzen wünschend, daß der liebe Gott Sie und die ihrigen beliebten Anverwandten vor Unfall noch lange Zeit gnädiglich behüten wollen.

Ihr Begräbnis belangend, dieweil sie aufs höchste gebeten, keine Pracht damit zu treiben, auch niemand der Freundschaft, wegen der Unsicherheit der Straßen, da kein Mensch auch vor seinem eigenen Haus fast sicher ist, dazu zu bemühen gewesen, habe ich dieselbige auf Montag, 20.7. vormittags in der Pfarrkirche zu [Herren–]Sulzbach angestellet (weil ohnedas die warme Zeit keinen längeren Verzug hat leiden können). Den Körper dahin mit meinen Dienern, Pfarrherrn und Schülern, auch Schultheißen und allen Untertanen des Amtes Grumbach, soviel dazumal an Mann und Weib gesund gewesen; zudem mit einer Convoy von 50 Musketieren begleiten und neben meines wohlseligen Herrn Seiten einsenken lassen.

Druff dann der Pfarrherr Mgr. Josef Gufer die gehörende Leichpre-
digt getan und alles zum ehrlichsten - als die Gelegenheit der Zeit
bei stetigem Auf– und Abreiten, auch Plündern der Soldaten es leiden hat wollen - verrichtet worden.

Verhoffe, Euer Liebden, darob kein Ungefallen tragen werden.
[...]

1674 Feb 14 Die Verhaftung des Wilhelm Egon von Fürstenberg[51]

|169

Was jedoch zu Erklärung dieser Sache besser als alles übrige füh-
ren mag, ist das vertraute Verhältniß, welches Wilhelm mit der Gräfin
von der Mark, seiner Base, gepflogen. Diese Dame übte seit längerem
einen großen Einfluß auf die Persönlichkeit Fürstenbergs. Nach der
Schilderung des Herzogs von St. Simon, welcher, in der Regel, die ge-
treusten Porträts seiner – französischen - Zeitgenossen liefert, war sie
von ungewöhnlich großen Formen[52], aber dennoch von außerordentli-
cher Schönheit, die sie noch bis in ihr 52. Jahr zu bewahren wusste, von
lebhaftem Geiste, hinreißenden Manieren, kühn, durchdringend, ge-

bietend[53], siegessicher. Dabei besaß sie aber außerordentlich viel Feinheit und Lebensart, so daß, was sie mit Ungestüm errungen, freies Opfer der anderen schien. Schon seit längerer Zeit Witwe lebte sie nur ihrem einzigen Sohn und ihrem Vetter Wilhelm Egon. Sie vermochte über ihn alles, und bis zur Ungebühr. Was Frankreich und Holland damals Kostbares lieferten, kam ihr, durch dessen verschwenderische Güte, zu. Sie liebte Pracht,

| 170

Aufwand und Spiel in einem Grade, daß die Kasse des Beschützers kaum oft zu Bestreitung der Ausgaben mehr hinreichte. Wir glauben berechtigt zu seyn, nicht alle Erzählungen und Spöttereien des geistreichen Franzosen über das Verhältniß der beiden unbedingt annehmen zu dürfen; aber daß die Gräfin im Hause des mächtigen Mannes unbeschränkt herrschte, wird kaum verschwiegen werden können. [...]

| 171

Der Prinz pflegte seine Baase, welche zu Köln in einer der ihm angehörenden Wohnungen lebte, täglich nach Essenszeit zu besuchen. Zu Anfang Februars schon hatte er vor Nachstellungen kaiserlicher Agenten einen Wink erhalten; er versah sich deshalb mit zahlreicherer Bedienung, wenn er ausging, unterließ aber doch nähere Vorsichtsmaßregeln. Als er nun den 14. wie gewöhnlich zu Wagen nach dem

Hotel der Gräfin fuhr, und, um die Aufmerksamkeit von sich abzulenken, den Weg durch abgelegener Straßen nahm, sah er sich plötzlich, nicht fern mehr vom Ziel, durch Soldaten des Regiments Grana angehalten; die Bedienten und Heiducken vor und hinter der Kutsche setzten sich zur Wehr, und ebenso die wenigen bewaffneten Begleiter, welche neben her geritten; allein ein Theil derselben ward getödtet, ein anderer verwundet. Man zwang den Prinzen, welchen man im Namen des Kaisers als verhaftet erklärte, wiederum in den Wagen zu steigen, aus welchem er, die Flucht zu Fuß versuchend, gesprungen war; der Neffe des Marquis setzte sich mit bloßem Degen ihm zur Seite. Fremde Bediente bestiegen den Bock und trieben die Pferde in gesprengtem Zuge vorwärts, dem Hause der Gräfin vorbei, durch die Vorstädte, und ohne Säumen ging es dem nächsten Orte und sodann Bonn zu. Von da aus ward die Reise weiter nach Wien fortgesetzt, wo Wilhelm einige Zeit verwahrt, darauf aber nach Brünn und von da nach Neustadt gebracht wurde.

1688 „Das verwirrte Coelln Oder die geschwaechte Coellnische Chur-Wuerde"

[gedruckt] Im Jahr 1688. [54]

[...] Hier [= bei der Wahl des Koadjutors] wurde kein Geld gesparet, die Herren Capitulares in Coeln zu bereden, daß nicht allein durch Krafft des Geistes, sondern auch durch Einwilligung und Befoerderung Seiner Allerchristlichsten Majestaet [= des Königs von Frankreich] Interesse, eine Coadjutors-Wahl beschehen muesse, Ursache dessen, weil der itzige Churfuerst - ein alter Herr - dem loeblichen Dohm-Capitel nicht mehr vorstehen koente und sonsten gar wunderlich waere. Im Gegentheil der Bischoff von Straßburg ein alarter, qualificirter Mann in Staatssachen wohl erfahren, ihrer meisten naher Befreundter und sie wegen ihnen erweisender Ehre am besten beschencken koente. Und was mehr! Sollten sie das Kaeyserliche mehr als Frantzoe[s]ische Interesse bey einer neuen Wahl beobachten, wuerde solches der Koenig hoch empfinden und auff alle Weise von ihnen Revenge nehmen. Wer koente sie schuetzen? Der Roemische Kaeyser haette mit der Ottomanischen Pforten zu thun; Holland fuerchtete die Engellaender; die uebrigen Deutschen Fuersten duerfften keiner aus Furcht der Frantzoe[s]ischen Macht den degen entbloessen. Und wie dem allen so waeren die saemptlichen Herren Capitularen freye Leute, welche vermittelst grosser Spendages Zeit Lebens gut und vergnuegt leben und ihrer Familien so ohne dem meistentheils der Frantzoe[s]ischen Protection ergeben oder angraentzeten Auffnehmen und reichthum bestens befoerdern moechten. Was dran gelegen, ob schon Franckreich hiedurch einen Staatsstreich außfuehrete? Genug daß sie sicher Respect, Geld und Ehre von einem so grossen Monarchen zu gewarten haetten, ihre Nachfolgere wuerden ihnen ohne deß in ein- und anderm schlechten Danck wissen. Der Koenig waere vorlaengst resolviret, seine Graentzen auff Deutschen Boden zu erweitern; solcher gestalt haette das Bistum Coeln keinen Anstoß, bliebe jederzeit neutral, und mueste das uebrige Deutschland in Furchten schweben, daß im fall selbige Coeln angriffen, es auch die Frantzoe[s]ische Partey erkiesen duerffte.

Man sagt, daß nach solchen gethanen Versprechen und Persuasionen drey Tonnen Goldes die Hertzen der Dom-Herren erweichet, daß sie diesen fuergeschlagenen

| 7

Cardinal zum Coadjutor bis auff 3 Stimmen – so gut kaeyserisch gewesen – erwaehlet; und weder die recommendationes des Pabsts noch Ihr[er] Kaeyserl[ichen] Majest[aet] in Consideration gezogen.

So balden man auff Seiten des Allerchristlichsten Koenigs versichert, daß nach erwuenschtem Verlangen diese Wahl außschluege, wurden unterm Fuerwand, die Stadt Landau, Fort Louis und Vestung Mont Royal staercker zu fortificiren, einige grosse Trouppen ins Elssas abgesendet, in der Wahrheit aber darmit Achtung zu geben, daß solche bereit stuenden, dafern Ihr. Churfuerstl. Durchlaeucht. von Brandenburg, Bayern oder Chur-Heydelberg wider diese heil. Wahl etwas fuernehmen wollten, die Coelnischen Capitularen in ihren propos zu

staercken und den neuerwaehlten Coadjutor zu adsistieren. Nimmer-
mehr glaubte Deutschland, daß ein Feind des heiligen Roem. Reichs,
so ohne dem von Franckreich mit den Bisthuemern Metz, Verdun und
Straßburg nebst Erlangung der Cardinals-Wuerde begnadiget worden,
sich unterstehen sollte, wider alle Constitutiones Imperiales in die
hoechste Gewalt und innersten Geheimnissen der Deutschen Printzen
listiglich einzudringen und durch solch straffbares Mittel den Still-
stand zu beunruhigen. […]
| 14
[…]
Man gienge [in Paris] darauff umb, des Kaeysers zunehmende
Macht in Ungarn einzuschrencken und per tertium dem Roem. Reich
eine Diversion machen zu lassen, welches durch beschehene Coadjutors-Wahl des Cardinals Fuerstenberg zu Coelln und vermuthlich darauff folgende Chur-Wuerde auch leichtlich zu besorgen stehet. Ob nun
gleich der Cardinal, wie man saget – welches doch von einem Ehrgeit-
zigen schwerlich zu glauben – zu sothaner Dignitaet schlechte Lust ge-
tragen, weil er wol gewust, daß solches ohne Unruhe nicht geschehen
wuerde, so hat dennoch die persuasion seiner geehrten Graefin de la
Marck alles bey ihm außgerichtet. Diese regieret sein ganzes Concept,
seine eigene Person; und was sie will, muß nothwendig geschehen. Sie

ist das Ziel seiner Rathschlaege und der Entwurff seiner Staats-Gedancken. Alles, was ihr gefaellig, muß zu seiner Vollziehung gedeyen; und zwarten ohne Verwunderung.

| 15

Denn kann nicht bey einem verheyrateten Printzen eine rechte Gemahlin, so ihren Herrn beherrschet und von ihm geliebet wird, durch diesen Vortheil viel außrichten, die Geheimnisse von ihm erfahren und dafern sie Lust hat, sich in die Staat-Affairen zu mengen, viel verwirren, bevorab wann eine schlauer außlaendischer Minister, von dem sie Pension gewaertig und bey ihr in gutem Credit ist, darzukoemmt und die außlaendischen Interesse wohl zu befoerdern weiß, welches Polen, Deutschland und Franckreich[55] mit gnugsamen Exempeln beweisen? Wie viel mehr eine solche, die bey einem unverheyrathen Herrn in großem Credit stehet und deren Verstand sich nach der Zeit zu reguliren weiß! Angesehen der Philosophen Meynung nach die natuerlichen Wuerckungen mehr hierbey contribuiren als sonsten bey andern zu geschehen pfleget. Diese Graefin der la Marck, sage ich, hat vollends des Herrn Cardinals Fuerstenbergs Ehr-Begierden den Paß eroeffnet, daß selbiger wie ein Blinder dem Stabe willigst gefolget, mit Frantzoe[s]ischen Pistoletten[56] die Pforte des Dohm-Capituls zu Coelln eroeffnet und ihrer heiligen Wahl das »benedicite«[57] gesprochen. Artig außgesonnen, daß man vor angehender Wahl des Coadjutors den H[err]n Bischoff zu Breßlau und Printzen Clemens aus Bayern durch etliche Capitulares Hoffnung machen liesse, auff daß vor geendigtem heiligen Werck der Pabst, Kaeyser und Roem. Reich nicht eine Diversion dazwischen machen doerfften. Wunderliche Schickniß, daß man die Goettliche Guete und Einfluß des Heiligen Geistes anruffen will, nachdem die Gedancken auff eine gewisse Person bereit vest gestellet! Einfaeltiger Glauben, weil man die Welt beredet, daß solche Wahl aus freyem Willen ohngedrungen und unbeordret der herren Capitularen zu Coelln beschehen! Ich glaube, daß nach dem toedtlichen Hintrit des itztverstorbenen Churfuerstens zu Coelln man im Koenigl. Staats-Cabinet zu Paris das »Te deum laudamus« gesungen; der Cardinal von Fuerstenberg denselben Tag jaehrlichen feyren und die Graefin de la Marck eine Wahlfahrt zu dessen Grabe ablegen wird. [...]

[1689] „Außfuehrliche Erzehlung Was in waehrender Belaegerung Der Churfuerstl[ichen] Residentz-Stadt und Vestung Bonn"

biß auf deren den 13. Octobris erfolgte Eroberung Denckwuerdiges vorgelauffen. Gedruckt zu Augspurg durch Jacob Koppmayer. [58]

[...] Mitten unter diesen Begebenheiten declarirte der Koenig [Ludwig XIV.] in Franckreich wider den Kayser und das Reich den Krieg und fiengen so fort an die Franzoesische Voelcker, welche bey tausend bißher in dem Ertzstifft Coeln gelegen, sich zu moviren; es kont dieses alles aber nicht verhindern, daß nicht Printz Clemens von Bayern die Confirmation zum Churfuerstenthum Coeln von Rom aus erhielte, ungeachtet auch dahin von dem Papst der Koenig ein bedrohliches Schreiben deß Fuerstenbergers wegen hatte abgehen lassen. Weßhalben dann der Franzoesische Wuth anfieng gantz ungezaeumet sich nunmehr zu erweisen und mit Schaetzen, Rauben, Morden, Brennen und

| 6

Verheeren auf das allerschroecklichste an dem gantzen Rheinstrom zu rasen. Die Brandschatzung, so sie allein aus Guelich und Bergischen eintriben, belieffen sich auf 180.000 Reichsthaler und mußte iedes Amt Monatlich vor die Fourage 1.000 Reichsthl. erlegen, dergleichen sie auch zu Luettich thaten. weilen dem Cardinal daselbst die verhoffte Ertzbischoffliche Dignitaet gefehlet, so schickte der Cardinal ebenfals in die Graffschaft Zuetphen und Ober-Issel Brand-Brieffe und forderte von dieser 40.000 und von jener 80.000 Guelden. Die Dom-Capitulares - auch theils von deß Cardinals-Parthey - protestirten zwar gegen dieses sein hoechst unbilliches Verfahren und erinnerten den-

selben seines dem Capitel geschwornen Eides, daß er sich der Paepst-
lichen Decision unterwerfen solte, dann sie ihrer seits sich nicht darwi-
der setzen wollten, auch seine – deß Cardinals – Frau Schwester[59], die
verwittibte Marggraefin von Baaden selbsten, bate ihn mit gefalten Ha-
enden, daß er doch von so gefaehrlichen Haendlen abstehen wollte,
welche auch der Madame de Fuerstenberg alles dieses Unheils Ursach
gabe. Aber dessen alles ungeachtet verharrete der Cardinal immer auf
seiner einmal gefaßten Resolution und wurde noch mehrers von dem
Koenig in Franckreich darzu angefrischet; er unternahme sich auch un-
erachtet der Papst ihme ankuendigen lassen, daß er Bonn und das
gantze Ertzstifft dem Printz Clemens bey Straff der Excommunication
abtretten sollte, aller Churfuerstlichen Gewalt, nennte und unter-
schribe sich »postulirten Churfuerst zu Coeln«, also daß das Feuer ie
laenger ie mehr angeblasen wurde. […]

[1689] Saint-Simon über Wilhelm Egon von Fürstenberg und die Gräfin von der Marck[60]

| 239

Il s'agissait de pouvoir disposer du cardinal de Furstemberg, qui
avait deux neveux dans le chapitre de Strasbourg, et de lui faire vouloir

avec chaleur un coadjuteur que les prélats n'admettent que bien diffi-
cilement, et de plus, un coadjuteur étranger.

Furstemberg était un homme de médiocre taille, grosset, mais
bien pris, avec le plus beau visage du monde, et qui, à son âge, l'était
encore; qui parlait fort mal français; qui, à le voir et à l'entendre à l'ordinaire, paraissait un butor[61], et qui, approfondi et mis sur la politique et
les affaires, à ce que j'ai ouï dire aux ministres et à bien d'autres de tous
pays, passait la mesure ordinaire de la capacité, de la finesse et de
l'industrie. Il a tant fait de bruit en Europe, qu'il est inutile de chercher
à le faire connaître; il faut se rabattre à l'état où il s'était réduit. En pen-
sions du roi ou en bénéfices, il jouissait de plus de 700,000 livres de
rente, et il mourait exactement de faim, sans presque faire aucune dé-
pense, ni avoir personne à entretenir. Il faut entrer dans quelques dé-
tails de sa famille. Son père servit toute sa vie avec réputation, et com-
manda les armées impériales avec succès, après avoir commandé l'aile
gauche à la bataille de Leipsick. Il mourut en 1635 […]
| 241

On prétendait que le cardinal [Franz Egon] de Furstemberg, fort
amoureux de cette comtesse de la Marck, la fit épouser à son neveu,
qui avait lors vingt-deux ou vingt-trois ans au plus, pour la voir plus
commodément à ce titre. On prétend encore qu'il avait été bien traité;
et il est vrai que rien n'était si frappant que la ressemblance, trait pour

trait, du comte de la Marck au cardinal de Furstemberg, qui, s'il n'était pas son fils, ne lui était rien du tout. Il était destiné à l'église, déjà chanoine de Strasbourg, lorsque la fortune de Madame de Soubise et de son fils lui fit prendre l'épée, par la mort de son frère aîné en 1697, et se défaire de son canonicat et de ses autres bénéfices.

| 242

L'attachement du cardinal pour la comtesse de Furstemberg avait toujours duré. Il ne pouvait vivre sans elle; elle logeait et régnait chez lui; son fils, le comte de la Marck, y logeait aussi, et cette domination était si publique que c'était à elle que s'adressaient tous ceux qui avaient affaire au cardinal. Elle avait été fort belle et en avait encore, à cinquante-deux ans, de grands restes; mais grande et grosse, hommasse comme un Cent-Suisse[62] habillé en femme, hardie, audacieuse, parlant haut et toujours avec autorité, polie pourtant et sachant vivre. Je l'ai souvent vue au souper du roi, et souvent le roi chercher à lui dire quelque chose. C'était au dedans la femme du monde la plus impérieuse, qui gourmandait le cardinal, qui n'osait souffler devant elle, qui en était gouverné et mené à la baguette, qui n'avait pas chez lui la disposition de la moindre chose, et qui, avec cette dépendance, ne pouvait s'en passer. Elle était prodigue en toutes sortes de dépenses; des habits sans fin, plus beaux les uns que les autres; des dentelles parfaites en confusion, et tant de garnitures et de linge, qu'il ne se blanchissait qu'en Hollande; un jeu effréné où elle passait les nuits chez elle et ailleurs, et y faisait souvent le tour du cadran; des parures, des pierreries, des joyaux de toutes sortes. C'était une femme qui n'aimait qu'elle, qui voulait tout, qui ne se refusait rien, non pas même, disait-on, des galanteries, que le pauvre cardinal payait comme tout le reste.

1717 April 03 Joseph Clemens legitimiert seine Kinder[63]

Joseph-Clement-Cajetan-Francois-Antoine-Jaspar-Melchior-Jean-Baptiste-Nicolas, Duc des deus Bavieres & du haut Palatinat, né en 1671, Archevêque de Cologne, Prince Electeur du saint-Empire, Evêque & Prince de Liège, de Hildesheim, premier Grand-Maitre de l'illustre Ordre de l'Archange Sain[t]-Michel en Baviere, institue en 1699, mort à Bonn, à 8 heures du soir, le 12 Novembre 1723, a eu – n'étant pas promis pour lors aux Ordres sacres – de Dame Constance de Grousselier, Dame de Ruysbeck, de Gravensteyn, &c. morte vers

| 480

1724, deux fils, reconnus de leur père, par acte signe à Bonn le 3 Avril 1717, lequel y déclare avoir interpose ses bons offices pour leur obtenir de S.M. Impériale, des Lettres de Légitimation impériales. Ces deux fils, aussi légitimes par Patentes de sa Majesté Louis XV, donnes à Paris en Octobre 1719, sont:

1. **Jean-Baptiste**-Victor-Francois-Marie-Joseph-Antoine-Cajetan-Laudelin-Paul-Michel, comte de Grosberg-de-Baviere, né à Lille en 1706, Seigneur de Ruysbeck, den Gravensteyn, etc. Grand-Croix & Commandeur de l'ordre de saint-Michel en Baviere le 23 Décembre 1738, & depuis, ayant satisfait de rechef à le preuve d'extraction, requise par la reformation générale, nomme par S[on] A[ltesse] le Grand-Maitre de l'Ordre, par décret du 7 mai 1765, Chambellan[64] de Clément-Auguste, Duc de Baviere, Electeur de Cologne, Grand-Maitre de l'Ordre Teutonique, accepte Chambellan par l'Empereur Charles VII; mais n'ayant pu recevoir la clef d'or à cause de la mort de cet Empereur, il a été Chambellan de Jean-Theodore, Duc de Baviere, Prince et Evêque de Liège, Grand-maitre de l'illustre Ordre de Saint-Michel en Baviere; son Conseiller intime d'Etat, & son Ministre Plénipotentiaire à la Cour de Bruxelles; ci-devant Ministre des cours de Bonn & de Liège près de Sa Majesté Louis XV; Ministre actuel du prince de Liège à ladite Cour des Bruxelles, & Chambellan de S.A. le Duc de Baviere, par décret du 20 Décembre 1768. Il a épousé, en 1729, Marie-Josephine-Ferdinandine-Rose, Baronne de Colins & de Saint-Gertrude-Machelen, née à Bruxelles le 20 Mars 1708, Dame de Waeynesse, de Plettenbroeck, de Wavere, de

Sautbergen, &c. fille unique de Pierre-Antoine, Baron de Colins, Seigneur et Baron de Sainte-Gertrude-Machelen, & de Dame Anne Eléonore Edwards, dite Trevor, son épouse, issue d'une maison Royale d'Angleterre. De ce mariage il a eu: […]

2. & **Antoine-Livin**-Joseph-Francois-Cajetan-Marie-Michel-Jean-Baptiste-Ignace-Isaac-Emanuel, Comte de Grosberg de Baviere, né à Lille, Commandeur & Grand-Croix de l'Illustre Ordre de Saint-Michel en Baviere, Chambellan de Clément-August, Duc de Baviere, Electeur de Cologne, Capitaine des Gardes Wallones, & Lieutenant-General des Armées de S[on] M[ajesté] C[atholique] en Espagne, mort à Barcelone le 22 Mai 1757, dans sa 47e année, sans avoir été marie.

[1735] Aunillon über Mechtild Brion[65]

| 136

Une autre maîtresse déclarée de l'électeur, mais d'une condition toute différente, a été en grand crédit, et y était encore dé mon temps. Ce crédit est fort tombé depuis la fin de 1746. C'était une fille de la plus basse naissance, et réduite par la misère à aller jouer de la harpe dans les cabarets. Cette fille n'a jamais eu de beauté; un peu de physionomie, plus d'esprit naturel que sa condition n'en comportait, d'ailleurs bien faite de taille. L'électeur l'ayant rendue féconde, la maria à un nommé Trogler, employé dans ses chasses et équipages. L'électeur en a une fille d'environ 14 ans, actuellement élevée dans un couvent à Metz. L'électeur a beaucoup fait pour cette femme; elle n'a jamais tenu qu'aux domestiques de confiance du prince; et pendant les premières années de mon séjour à sa cour, il se dérobait encore souvent de ses courtisans pour aller souper chez elle incognito, et elle était de même incognito de tous les voyages de Bruel, et soupait avec l'électeur à sa petite maison

| 137

de Folkenloust, au bout du parc de Bruel, où ce prince se retirait presque tous les soirs avec deux ou trois de ses favoris ; savoir : le baron de Roll, son grand écuyer ; le baron de Metternik, espèce de ministre intendant de ses bâtiments, jardins et plaisirs ; et le comte de Vérita, chambellan […]

[1743] Aunillon über Gräfin Seinsheim[66]

| 134

Il y a cependant toute apparence que la première passion solide qu'il ait eue, a été celle qui subsiste encore mais seulement *ad honores*, pour la comtesse de Saintzeim, née; je crois, comtesse de Présing. Çà été une belle femme, mais sans aucune sorte d'esprit ni de talent,

| 135

peu capable de se mêler d'aucune affaire. Comme elle tient tout de l'électeur, elle s'imagine l'aimer beaucoup ; elle en est jalouse, parce qu'elle craint de perdre ce qu'elle honore du nom de crédit, et qui n'est cependant qu'une ombre de considération, stérile pour ses plaisirs, et uniquement utile à sa subsistance. Le commerce actuel de l'électeur avec elle, est également froid et ennuyeux pour l'un et pour l'autre ; cependant les favoris, assez adroits pour connaître qu'il n'y a que pour elle que l'inconstance du prince, se soit démentie, veulent lui tenir, et elle leur sert sans le savoir à la fixer elle-même dans leur dépendance. Elle ne jouit de la décoration, de ses anciens privilèges , que sous leur bon plaisir. Ils savent que cette femme n'est bonne à rien ; ils n'ignorent pas quelle pourrait vouloir nuire, mais ils n'en craignent rien, convaincus qu'elle n'en aurait pas la force, parce quelle n'aurait pas la prudence nécessaire au choix des moyens , ni la constance de les suivre.

1794 April 21 Mrs. Heathcote an ihren Sohn Ralph[67]

BONN, April 21, 1794.

Dear Ralph[68],

Your letter pleased me, as all that I hear from you does, and it confirms my conviction that your stay in England[69] will do you good. This enables me to bear with more resignation the pain of being separated from my dear child. The day will come, dear Ralph, when your mother will never leave you, and will only be too happy to give up everything in order to be and to remain with you; but circumstances do not permit this for the present. I implore you, by all that is dear to you, often to remember the sacrifice I made in having you educated far away from home. It would be impossible to give you the education here in Bonn that I desire, one that will enable you to be useful to others and at the same time contribute to your own happiness in life.

When I see your little friends, Max Trotti[70] and his brothers, and Max Nesselrode, I am delighted to know that you are away from here. The Trottis are without a tutor, they are naughtier than ever, and learn nothing; their father and mother scold them, and the poor children are much to be pitied. And then, my dear child, we are menaced by the

French. The Elector dare not return to his states, as he might be obliged to leave them at any moment[71], and you can imagine how this distresses us all. The dearness of everything is making itself markedly felt; altogether Bonn is very different from what it was when you left, although even then we were afraid of the French. Max Nesselrode talks of nothing but war and soldiering, and does not care for anything else.

Die vier Felder von links oben im Uhrzeigersinn stehen für das Rheinische Erzstift, Herzogtum Westfalen, Grafschaft Arnsberg, Herzogtum Engern. (Molitor, 2008)

Abbildung 22: Wappen des Kurfürstentums Köln seit 1530

Abbildungen

Bildnachweis

#	Name	Künstler	Jahr	www	Zusatz
0	Titelbild Agnes	?	1570+	wikipedia	
1	Wappen Erzbistum	?	1530+	(Molitor, 2008)	
2	Louis XIV.	Rigaud	1702	wikipedia	
3	Montespan	?	?	wikipedia	
4	Kf.Salentin	?	1570	ULB Münster	
5	Kf.Truchsess	?	1583 ?	HAUM Braunschweig	
6	Agnes	?		(Molitor, 2008)	
7	Schloss Mansfeld	?	?	(Francke, 1723)	
8	Kf. Ernst	Werl	1601	wikipedia	
9	Gertrud	?	?	wikipedia	
10	Wilhelm Egon	?	1689+	gallica.bnf.fr	
11	Wappen Wallenrode	?	1450+	wikipedia	
12	Kf.Joseph Clemens	Vivien	1700+	wikipedia	
13	Unterschrift	*	*	*	Stadtarchiv Bonn
14	Kf.Clemens August	Desmarees		LVR	Stadtmuseum Bonn
15	Kf.Clemens August	Desmarees	?	LVR	Stadtmuseum Bonn
16	Wappen Starhemberg	?	?	wikipedia	Bayerische Staatsbibl.
17	Kf.Max Friedrich	Fischer	1762 ?	wikipedia	

18	Grab Barbieri	?	1818	www.storiaememoriadibo-logna.it
19	Kf. Max Franz	?	?	wikipedia
20	Heathcote	?	?	www.archive.org
21	Heiligerlee	Hogenberg	1568	wikipedia

Digitalisate

#	Autor	Titel	Bibl	Ort	Signatur	VD17, VD18	WWW, URN
1	Aunillon	Memoires					gallica.bnf.fr
2	Chenaye-Desbois	Dictionnaire de la noblesse					books.google.de
3	Chytraeus	Saxonia					books.google.de
4	de Thou	Histore universelle					books.google.de
5	Francke	Grafschaft Mansfeld	BSB	München	4 Germ.s p.110	1017754X	
6	Heathcote	Letters of Diplomatist					https://archive.org
7	Heumann	de re diplomatica1	BSB	München	Germ. g. 628 i-1/2#Beibd.1	14667983-001	urn:nbn:de:bvb:12-bsb10018038-3
8	Heumann	de re diplomatica2	BSB	München	Res/4 Graph. 29	14667983-001	urn:nbn:de:bvb:12-bsb10897286-1
9	Moser	Patriot. Archiv 12, 1790	UB	Bielefeld			http://ds.ub.uni-bielefeld.de/viewer/image/2108405_012/1/LOG_0003/

10	Münch	Fürsten-berg	ULB	Düssel-dorf	D.Sp.G. Nro.239	urn:nbn:de:hbz:061:443955
11	Pieler	Fürsten-berg	ULB	Münster		urn:nbn:de:hbz:6:1-23894
12	Saint-Si-mon	Memoires	BSB	München	Bibl.M ont. 2531-12	urn:nbn:de:bvb:12-bsb10720334-5
13	Vogel	Calendrier 1759				www.westfaelische-geschichte.de
14	von Raumer	Histori-sches Ta-schen-buch				books.google.de

Literaturverzeichnis

Aunillon Delaunay du Gue, A. (1808). *Memoires de la vie galante, politique et litteraire* (Bd. 2). Paris: Collin.

Barthold, F. (1840). Gebhard Truchseß von Waldburg, Kurfürst und Erzbischof von Köln. In F. von Raumer (Hrsg.), *Historisches Taschenbuch, Neue Folge, Jg.1* (S. 1 ff). Leipzig: Brockhaus.

Beutler, W. (1993). Hermann IV. der Friedsame von Hessen. In *Rheinische Lebensbilder* (Bd. 13, S. 51 ff).

Braubach, M. (1949). *Kurköln. Gestalten und Ereignisse aus zwei Jahrhunderten rheinischer Geschichte.* Münster: Aschendorff.

Braun, B. (2013). *Princeps et Episcopus. Studien zur Funktion und zum Selbstverständnis der nordwestdeutschen Fürstbischöfe nach dem Westfälischen Frieden.* Göttingen: Vandenhoeck & Ruprecht.

Bruns, A. (Hrsg.). (1987). *Die Tagebücher Kaspars von Fürstenberg, 2 Bde.* Münster: Aschendorff.

Chenaye-Desbois, d. l. (1774). *Dictionnaire de la noblesse, 2. Aufl., Band 7.* Paris: Boudet.

Chytraeus, D. (1599). *Saxonia ab anno Christi 1500 … recognita et … alijs Historijs aucta.* Leipzig: Gros.

de Thou, J.-A. (1740). *Histoire universelle, Tome 5.* den Haag: Scheurleer.

Dietz, J. (1962). Topographie. *Bonner Geschichtsblätter, 16.*

Ennen, L. (1878). *Franz Egon, Bischof von Straßburg.* Abgerufen am 05. 11 2016 von https://de.wikisource.org/w/index.php?title=ADB:Franz_Egon_(Bischof_von_Stra%C3%9Fburg)&oldid=2843856

Flörken, N. (2014). *Der Truchsessische Krieg in Bonn und Umgebung. Ein Lesebuch.* (USB Köln, Hrsg.) Abgerufen am 08. Juli 2015 von http://www.ub.uni-koeln.de/bibliothek/pub/eschriftenreihe/index_ger.html: http://kups.ub.uni-koeln.de/id/eprint/5600

Flörken, N. (2015). *Die Belagerung und Zerstörung Bonns 1689. Ein Lesebuch.* (USB Köln, Hrsg.) Abgerufen am 01. Okt 2015 von http://www.ub.uni-koeln.de/bibliothek/pub/eschriftenreihe/index_ger.html: http://kups.ub.uni-koeln.de/id/eprint/6292

Francke, E. C. (1723). *Historie der Graffschafft Manßfeld ...* Leipzig: Schuster.

Grashof/Guischard. (2000). *Salisso. Aus der Geschichte des Kirchspiels Herren-Sulzbach.* Köln: Rheinland.

Heathcote, R. (kein Datum). *Letters of Young Diplomatist and Soldier during the Time of Napoleon, 1907.* Abgerufen am 16. November 2016 von https://archive.org: https://archive.org/stream/ralphheathcotele00heatuoft/ralphheathcotele00heatuoft_djvu.txt

Heumann von Teutschenbrunn, J. (1749). *Commentarii de re diplomatica imperatricum Augustarum ac reginarum ... II.* Nürnberg: Lochner.

Kleinsorgen, G. (1987). *Tagebuch der truchsessischen Wirren im Herzogtum Westfalen 1583/84, bearbeitet von Alfred Bruns.* (S. Heimatbund, Hrsg.) Brilon: Podszun.

Molitor, H. (2008). *Das Erzbistum Köln, Band 3 (1515-1688).* Köln: Bachem.

Müller-Hengstenberg, H. (2010). "Spurii ex fornicatione" - Hurenkinder in Unzucht gezeugt. Bonner Alltagsschicksale des 16. bis 18. Jahrhunderts. *Bonner Geschichtsblätter, 60,* S. 63 ff.

Münch, E. (1832). *Geschichte des Hauses und Landes Fürstenberg, Band 3.* Aachen/Leipzig: Mayer.

Nieder, F. K. (25. 05 2014). *Chronique scandaleuse. Kölner Kurfürsten und ihre Geliebten.* Abgerufen am 04. 11 2016 von http://franz-karl-nieder.de/index.php/geschichte/koeln-und-bruehl/21-chronique-scandaleuse-koelner-kurfuersten-und-ihre-geliebten.

Penning, W. D. (2014). Caroline von Satzenhoven - Äbtissin von Vilich (1728-1785) und Lebensgefährtin des Landkomturs und kurkölnischen Ministers Caspar Anton von Belderbusch. Dokumente und Materialien zu einer Biographie. *AHVN, 217,* S. 149 ff.

Pieler, F. I. (1873). *Leben und Wirken Caspar's von Fürstenberg.* Paderborn: Schöningh.

Saint-Simon. (1840). *Memoires complets et authentiques, tome 4.* Paris: Delloye.

Schrörs, H. (1912). Zum Privatleben des Kurfürsten Joseph Clemens. *AHVN, 92*, S. 125 ff.

Schrörs, H. (1915). Kurfürst Joseph Clemens und Madame de Ruysbeck. *AHVN, 97*, S. 1 ff.

Seidel, R. (1998). *Die Grafen von Mansfeld. Geschichte und Geschichten eines deutschen Adelsgeschlechts.* Egelsbach u.a.: Fouque.

Vogel, J. P. (1759). *Le Calendrier de la Cour de son altesse serenissime electorale de Cologne, pour l'an ... MDCCIX.* Bonn: Ferd. Rommerskirchen.

von Moser, F. K. (1790). Ungedruckte Urkunden Gebharden Erzbischofen und Churfürsten zu Cölln ... In *Patriotisches Archiv für Deutschland, Band 12* (S. 192 ff). Mannheim/Leipzig: Schwan & Götz.

Zander, H. C. (1995). *Warum der Erzbischof von Köln heiraten musste.* Düsseldorf: Patmos.

Index

Anmerkungen

---

[1] „Die Kleriker sind gehalten, vollkommene und immerwährende Enthaltsamkeit um des Himmelreiches willen zu wahren; deshalb sind sie zum Zölibat verpflichtet, der eine besondere Gabe Gottes ist, durch welche die geistlichen Amtsträger leichter mit ungeteiltem Herzen Christus anhangen und sich freier dem Dienst an Gott und den Menschen widmen können."(C.277)

[2] Vgl. den Titel von (Nieder, 2014): „Chronique scandaleuse".

[3] siehe (Braubach, 1949) passim.

[4] (Beutler, 1993).

[5] gefallen in der Schlacht von Heiligerlee 1568, siehe https://de.wikipedia.org/wiki/Schlacht_von_Heiligerlee.

[6] „il les frappa de surprise, en leurs declarant a l'ouverture de l'Assemblee, qu'il resillioit a l'archeveche." (Vogel, 1759) zu dem Stichwort „Salentin".

[7] Fundstelle: (Barthold, 1840, S. 11).

[8] nach: (Flörken, Der Truchsessische Krieg in Bonn und Umgebung. Ein Lesebuch, 2014).

[9] Spottvers auf Agnes: „Ich bin von Gottes Gnaden in Köln Bischöfin", überliefert bei (Zander, 1995, S. 1)

[10] Giambattista Castagna, päpstlicher Legat in Köln, der spätere Papst Urban VII., charakterisierte Gebhard als „nicht gescheit und nicht gebildet", dem „starken Trunke" ergeben; nach (Zander, 1995, S. 11).

[11] Vgl. (Molitor, 2008, S. 223 ff)

[12] So (Vogel, 1759) zu dem Stichwort „Gebhard II."

[13] So der westfälische Landdrost Caspar von Fürstenberg in seinem Tagebuch am 11.02.1584 (Bruns, 1987, S. 182).

[14] So (Molitor, 2008, S. 223).

[15] (von Moser, 1790, S. 193).

[16] (Bruns, 1987, S. I, 414).

[17] auch: Wallenrode; Fundstelle: worldhistory.de.

[18] auch: Mark.

19 Unterzeile: « A Paris, Chez N[icolas] de L'Armessin, Rue St. Jacques, à la Pomme d'Or. – Avec Privil[egue] du Roy »

20 (Ennen, 1878), (Braubach, 1949).

21 (Braubach, 1949, S. 275).

22 (Braubach, 1949, S. 279 f).

23 siehe (Flörken, Die Belagerung und Zerstörung Bonns 1689. Ein Lesebuch, 2015).

24 Beide Zitate nach (Schrörs, Zum Privatleben des Kurfürsten Joseph Clemens, 1912, S. 131).

25 (Braubach, 1949, S. 289 ff).

26 „Jamais, dans quelque ville j'aye êté, ni depuis mon retour dans mes Etats, nous n'avons demeuré sous le même toiet." Joseph Clemens am 10.07.1718, nach: (Schrörs, Kurfürst Joseph Clemens und Madame de Ruysbeck, 1915, S. 5); fast wörtlich bereits am 26.6.1718 in einer Instruktion an seinen Gesandten beim Vatikan, Scarlatti (Schrörs, Kurfürst Joseph Clemens und Madame de Ruysbeck, 1915, S. 30). Und der Pfarrer Ghillez von Valenciennes, wo Constance vorübergehend lebte, beteuert: „ Je n'ay jamais remarqué, ny entendu dire, que ladite Dame y ait causé le moindre scandale, qu'au contraire elle s'est toujours ponctuellement acquitté des devoirs d'une bonne chretienne, avec beaucoup de devotion, d'ardeur et de charité, frequentant souvent les sacremens et pratiqant encore d'autres bonnes œuvres." (Schrörs, Kurfürst Joseph Clemens und Madame de Ruysbeck, 1915, S. 7)

27 Joseph Clemens an Karg, Lüttich 29.08.1716; Fundstelle: Stadtarchiv Bonn, Signatur Ku 31/8, alt: AB1342.

28 Joseph Clemens an Karg, 9.4.1718, nach: (Schrörs, Kurfürst Joseph Clemens und Madame de Ruysbeck, 1915, S. 18).

29 (Braubach, 1949, S. 291).

30 (Aunillon Delaunay du Gue, 1808, S. 136), siehe Seite 69.

31 (Braubach, 1949, S. 316).

32 (Braubach, 1949, S. 306).

33 Sophie an den französischen Botschafter Jean-Baptiste-François-Joseph de Sade, der ihr durch Clemens August 10.000 Livres übergeben liess (Braubach, 1949, S. 304).

34 Nach (Braubach, 1949, S. 312).

35 siehe [1743] Aunillon über Gräfin Seinsheim, Seite 70.

36 So (Braubach, 1949, S. 326).

37 Fundstelle: www.storiaememoriadiBologna.it/monumento-barbieri-mattioli-118-opera am 15.11.2016.

38 (Braubach, 1949, S. 330).

39 „But with all these musical, intellectual, and benevolent pursuits, the young Archbishop Elector was a very gay and pleasure-loving prince." (Heathcote).

40 (Braubach, 1949, S. 328).

41 Siehe (Penning, 2014).

42 Fundstelle: Koelhoff'sche Cronica, http://diglib.hab.de/inkunabeln/131-2-hist-2f/start.htm?image=00690.

43 Matth. 5,9: „Selig sind die Friedfertigen; denn sie werden Gottes Kinder heißen."

44 d.i. von Jean de Ligne, Graf von Arenberg, der Vater von Antonia Wilhelmina.

45 Fundstelle: (de Thou, 1740, S. 430 f).

46 Fundstelle: Archiv Frhr. von Fürstenberg zu Herdringen 5003, S. 393 – 396, nach (Kleinsorgen, 1987, S. 235).

47 Fundstelle: (Chytraeus, 1599, S. 725).

48 d.i. ein Schwager Agnes'.

49 Fundstelle: (Grashof/Guischard, 2000, S. 275), nach Beständen des Fürstlich Salm–Salmschen Archiv in Anholt.

50 Unverständlich, weil Agnes' Ehe kinderlos blieb. Juliane von Salm-Grumbach (1616-1641) war über ihre Mutter mit denen von Mansfeld verwandt.

51 Fundstelle: (Münch, 1832, S. 169 ff).

52 « grande, grosse, hommasse comme un cent suisse habillé enfemme » (Saint-Simon, 1840).

53 « parlant haute et toujours avec autorité – c'étoit au-dedans la femme du monde la plus impérieuse » (Saint-Simon, 1840).

54 Fundstelle: SUB Göttingen, Signatur 8 DEDUCT C 43/b (2); VD17 7:704452K.

55 Möglicherweise eine Anspielung auf Françoise d'Aubigné, Marquise de Maintenon (* 1635 † 1719); sie war die letzte Mätresse und in morganatischer Ehe die zweite Gemahlin von Ludwig XIV. von Frankreich.

56 Eine Pistole war ursprünglich eine spanische Geldmünze aus amerikanischem Gold, die seit 1566 als doppelte Goldkrone geprägt wurde. Ab 1640 führten auch Frankreich und Genua die Pistole ein (Wikipedia).

57 « BENEDICITE, omnia opera Domini, Domino; laudate et superexaltate eum in saecula ... »

58 Fundstelle: Bayerische Staatsbibliothek, Signatur Res/4 Eur. 382,6; ein weiteres Exemplar in der ULB Bonn, Signatur Lf 889/12.

[59] Maria Franziska von Fürstenberg-Heiligenberg (* 18. Mai 1633 in Konstanz; † 7. März 1702 in Lobositz) ist die zweite Ehefrau des Markgrafen Leopold Wilhelm von Baden.

[60] Fundstelle: (Saint-Simon, 1840).

[61] Sovielwie „Grobian".

[62] = „Hundertschweizer", die aus Schweizer Söldnern gebildete Hofgarde der französischen Könige bis 1792.

[63] Fundstelle: Dictionnaire de la Noblesse, 2. Auflage, Band 7, S. 479 f.

[64] zu Deutsch: Kammerherr.

[65] Fundstelle: (Aunillon Delaunay du Gue, 1808, S. 136 ff)

[66] Fundstelle: (Aunillon Delaunay du Gue, 1808, S. 134 f).

[67] Fundstelle: (Heathcote), Anmerkungen Heathcotes in " ".

[68] geboren 1782.

[69] "Ralph had been sent to England, in order to be educated at the house of a Dr. Benson."

[70] "Sons of Marquis de Trotti, member of a well-known Milanese family, Lord Chamberlain of the Archbishop Elector of Cologne."

[71] Im Oktober 1794 floh Max Franz endgültig aus dem linksrheinischen Kurköln.